그들은 새를 보지 못했다

그들은 새를 보지 못했다

박천호 시집

詩와에세이

2019

시인의 말

　새천년 첫 시집을 내고 이십 년 세월이 흘렀다.
　그간 다섯 권의 시집을 더 내고 여섯 번 학교를 옮겼다.
　이제 팔월이면 정년퇴직이다.
　초임 학교 발령장 받아 들고 용화 고갯길 넘던 때가 엊그제 같은데 사십 년 세월이 훌쩍 지났다. 되돌아보면 감동 주던 선배들, 격려를 아끼지 않던 동료 직원들, 열정 넘치는 후배들과 함께 교단에 섰던 행복한 시간이었다.
　그런 의미에서 지난날의 추억을 떠올리는 시들을 여러 편 실었다. 감사해야 할 사람들과 갚아야 할 은혜들을 시집에 담고 싶어서였다.
　구순(九旬)의 어머니와 아내를 비롯한 가족들, 억겁의 인연으로 함께한 주위 고마운 분들께 깊이 엎드려 인사 올린다.

2019년 7월 고향 영동에서
박천호

차례__

시인의 말 · 05

제1부

커피 한 모금 남기는 이유 · 13
배롱나무 · 14
명패를 걸고 · 15
유년의 소야곡 · 16
꽃이 핀 날에 · 18
낯선 자리 · 19
12g의 덤 · 20
꽃구경 갔더니만 · 21
왼손에게 · 22
바랭이를 뽑으며 · 23
영동바라기 · 24
새를 보지 못했네 · 25
동상이몽 · 26
옥룡설산을 오르며 · 28
딩펫족으로 사는 이유 · 30

제2부

임산 마을 여름 풍경 · 33
세심정(洗心亭) · 34
어머니와 신발 · 35
영동천(永同川) 오리 가족 · 36
그 소문이 정말이여? · 38
의용소방대장 승문이 · 40
안씨 아저씨 · 42
창석이 아빠 · 43
매화골 수진이 아버지 · 44
외숙모 · 45
양조장 김 사장님 · 46
내기 · 48
어머니와 핸드폰 · 50
누이 · 51
별 이야기 · 52

제3부

휴지통 속 비닐봉지 · 55
단풍에 취하다 · 56
세상 풍경 · 57
사진 한 장 · 58
삼봉 가는 길 · 59
이른 새벽에 · 60
포장마차 풍경 · 62
파리에게 길을 묻다 · 63
파리와의 대결 · 64
금연구역과 항아리 · 65
우주로 보낸 연서(戀書) · 66
귀로 소리를 보다 · 68
보발재 넘으며 · 70
수족관 · 72
석종사 해우소(解憂所) · 73

제4부

스물세 살의 기억 · 77
건전가요 대회 · 1 · 78
건전가요 대회 · 2 · 79
건전가요 대회 · 3 · 80
여선생과 뜨개질 · 81
시군대항 축구 시합 · 1 · 82
시군대항 축구 시합 · 2 · 84
정애 아빠 한창희 씨 · 86
부산 아가씨 · 88
육상대회 가는 날 · 90
봄 소풍 가는 날 · 91
부끄러운 고백 · 93
입학한 얼마 후에 · 94
선생님, 저도 마찬가지예요 · 96
우리 교실이었는데 · 98

제5부

한국교원대학교부설유치원 원가 · 101
가득유치원 원가 · 102
연세유치원 원가 · 103
산성유치원 원가 · 104

발문 · 1 · 105
발문 · 2 · 109

제1부

커피 한 모금 남기는 이유

잊지 않기 위해서다
곁에 두고 싶어서다
입술 뜨거운 유혹으로
한걸음에 내달아 오면
새치름히 돌아앉는 너
갈대 빛깔 모자가 잘 어울린다
그래, 홀짝 비우고 나면
남은 미련들은 어쩌란 말이냐
지워지지 않는 저 흔적들
무슨 핑계로 외면하란 말이냐
오래도록 기억하기 위해서다
미치도록 느끼기 위해서다
마음속 새겨둔 미련쯤은
한 모금 여운으로 남겨다오
오래도록 간직하기 위해
너를 혀끝 깊이 숨겨야겠다

배롱나무

붉은 입술로
유혹하지 마라
짙은 눈웃음으로
발목 잡지도 마라
잠깐의 찬란함으로
오만스레 건방 떨다가
허무하게 시든 꽃들이
어디 한둘이랴
여름내 온몸 달구어
꽃잎 숨겨놓았다가
생채기 난 목덜미 곳곳
아픈 신열로 번지는 열꽃
부디 꽃잎 떨구지 말기를
석 달 열흘 되려면
아직 멀었다

명패를 걸고

사무실 입구에
명패 하나 걸었다
영동 촌놈이
영동교육의 비상(飛翔)을
꿈꾸는 방이라 적었다
오가는 사람들이
남 보기 체면이 있지
촌놈이 뭐냐고 놀린다
그럼 뭐라고 하나
영동에서 상촌(上村)이면
촌중에서도 깡촌인데
뭐가 창피하단 말인가
덤덤한 내 대답에
'그렇긴 하지만'
머쓱한 표정 짓는데
사무실 돌아 나가면서도
고개 갸웃거리는 그대여
아직도 뭐가 헛헛하신가?

유년의 소야곡

싸리비 자국 선명한
작은 황토마당이었어
땅뺏기 놀이도 하고
고무줄놀이도 하다가
담장 저만큼 장독대 위로
토옥 톡 감꽃 떨어지면
사립문 앞 개울가에서
소꿉놀이도 했었지
뭉게구름 걸린 빨랫줄에
고추잠자리 잠시 날개 내리면
살금살금 다가가던 순이
이젠 얼굴조차 희미한 누이야
박 넝쿨 올린 초가지붕도
목쉰 뻐꾸기도 떠난 자리
가물대는 환청으로 이어지는
어린 시절 미완의 소야곡
굴참나무 껍질 땀 배인
아버지 자전거 뒤에 앉아

덜컹이는 골목길 돌아 나오던
그때 내 나이 다섯 살쯤이었어

꽃이 핀 날에

꽃이 핀 날에
바람이 몹시 불었습니다
꽃길 지나온 발길이어서
잠들기도 쉽지 않았습니다
바람이 불고 간 다음 날
봄비가 세차게 내렸습니다
억한 마음이라도 품은 듯
창문까지 마구 흔들었습니다
사흘째 되던 날,
두려운 마음에 꽃 보러 갔는데
꽃들이 환한 미소로 반겼습니다
밤새 뒤척이며 걱정하던 시간
그들도 서로 껴안고 있었습니다
어쩌면 꽃 피고 지는 일
스스로의 기다림일 뿐
봄비 때문도 바람 탓도 아니었습니다

낯선 자리

화분 하나가
거울 뒤쪽에 놓였다
당황한 꽃들이 수군거렸다

낯선 풍경에
이리저리 동정 살피다가
더러는 얼굴빛이 창백해졌다

앞자리에만 익숙했기에
이런 대접은 처음이라며
시든 이파리 서둘러 내렸다

화분이 입을 열었다
평생 꽃길만 갈 수는 없어
더러는 낯선 세상도 바라보는 거야

12g의 덤

아내는 사과를
감자 칼로 깎는다
과도 대신 얇게 빚어낸
12g 사과 속살의 자태
혀끝 맴도는 상큼함이
알뜰한 수고로 얻은 몫이다
과도로 깎았으면
사과 껍질에 묻어
음식물 수거 봉투 속으로
던져졌을 하찮은 무게
아내의 정성으로
당당한 자태 뽐낸다
소소한 12g의 덤
가끔은 일상에서도
감사해야 할 일들이 있다

꽃구경 갔더니만

어느 봄날
꽃구경 갔더니만
지는 꽃 뒷모습만 보았더래요

다음날 또
꽃구경 갔더니만
연초록 바람만 맴돌더래요

그다음 날 행여
꽃구경 갔더니만
그리운 사람 떠나고 없더래요

봄이 머물던 자리
떨어진 꽃잎 흩날리는데
어쩔거나 꽃구경은 설움뿐이었더래요

왼손에게

이제 와 고백하지만
너를 믿지 못했다
밥숟갈 들 때도
칫솔질하거나
장밋빛 사연 보낼 때도
너를 외면했다
애초 어긋난 눈길에
찬밥 신세였던 너
한 몸에 태어난 게
전생의 업보인 듯한데
일장춘몽(一場春夢) 나비 꿈 깨어나
육십갑자 돌아온 세월 앞에서
믿었던 오른손 어둔해지자
다급한 눈길로 하소연한다
"왼손아, 엉덩이 좀 닦아줄래?"

바랭이를 뽑으며

그의 손수레엔 갈퀴와
물푸레나무 괭이가 실려 있다
낡은 목장갑이 결전 준비를 외친다

찌그러진 바퀴 구르는 소리에
아물지 않은 상처로 밤잠 설친
목숨 질긴 녀석들이 눈 뜬다

어쩔거나, 다시 손안에 들어온
도도한 눈빛의 모진 생명들
뙤약볕에 오히려 서슬 퍼런 바랭이

단단한 괭이 날에도 버티는 고집
농부의 팔뚝에 굵은 핏줄 불거지면
자존심 걸린 싸움 지금부터 시작이다

영동바라기

처음으로 영동 가는 길
자꾸 눈물만 나더래요
노심초사 걱정뿐이더래요

그런 암울한 심정으로
산 높고 골 깊은 마을 넘는데
깊은 한숨만 나오더래요

살다 보니 세월이 가는데요
근데 이건 또 무슨 조화인지
등때기가 조금씩 따스해지더래요

영동 떠날 때쯤이면
다시 눈물 흘리더래요
돌아보니 이만한 곳도 없더래요

새를 보지 못했네

대왕암 둘레길
해송 향기 넘친다
아직은 고단한 잠결에
바위틈 졸고 있는 해국(海菊)
차르르 차르르 파도 튕기는
남해 몽돌 소리 청아하다
소금기 머금은 갈매기 눈빛
바닷길 어울려 순해질 때
누군가 외치는 소리
'저기 작은 새 좀 봐'
순간 둘레길 흩날리는
샛노란 털머위 꽃잎들
'어디, 어디?'
먼저 간 일행이
서둘러 고개 돌리지만
잠깐 한눈판 죄로
그들은 새를 보지 못했다

동상이몽

전직 대통령이
검찰에 불려가던 날
무거운 발길로
치과에 간다

바다로 향하던 강물이
보에 걸려 역한 냄새 품을 때
그는 참담한 심정이라고 했다

주저앉은 잇몸 뒤져
썩은 이뿌리 발견한 의사가
용하게 버텨왔다며 혀를 찬다

기억나지 않는다거나
모르는 일이라고 내젓기엔
불면의 밤이 너무 깊어서

그 단단한 쇠붙이들을

마구 씹어대던 어금니마저
마취 주사에 취해
아무 말 못했다

옥룡설산을 오르며

차마고도 가는 길
옥룡설산을 넘는다
샹그릴라 꿈꾸는
토종붕어 한 마리
아가미 가득
산소 방울 머금어
가쁜 숨 몰아낸다
그래, 조금만 더 오르자
잘근거리는 오줌 지리며
수백 번 넘게 목숨 걸었던
아찔한 고갯길 아니더냐
빛바랜 룽다*가 펄럭이고
마방의 휘파람 소리 퍼지면
수행자들은
연신 마니차(摩尼車)를 돌린다
설산을 향한 나의 비상(飛翔)은
참으로 장엄하였나니
야크 방울 소리 요란한

순백의 만년설 아래
무거운 내 눈꺼풀 감겨다오
저 멀리 샹그릴라가 보인다

*티벳 경전이 적힌 깃발로 지나는 바람이 읽는다고 함

딩펫족으로 사는 이유

유기농 이유식 필요해요
우량아선발대회 나가거든요
얘가 우리 삶의 희망이며
일상의 비타민이에요
머리 총명해지고
관절 튼튼해지는
일등급 쇠고기 주세요
태평양 건너온 참치도요
피부에 탄력을 주는
기능성 영양식도 물론이고요
아참, 우리 아이 네 발인 것 아시죠?
남들은 이러쿵저러쿵 말하지만
자식새끼 키워 속 썩이느니
살랑살랑 꼬리치며 애교부리는
저놈이 훨씬 낫다니까요

*딩펫족: 아이 대신 애완동물을 기르며 사는 맞벌이 부부

제2부

임산 마을 여름 풍경

먹을 것도 입을 것도
늘 모자라던 시절
여름밤이면 임산 사람들
버드실 가는 다리 위에서
멍석 펴고 누워 밤을 새웠지
어른들은 어른들끼리
막걸리 사발에 목청 높이고
아낙네들은 아낙네들끼리
강냉이 입에 물고 깔깔거렸지
입대 통보받은 후배 녀석은
선배들 뻥튀긴 무용담에
구성지게 「전선야곡」을 부르고
반딧불이 요란한 밤나무숲에선
몰래 나누던 사랑놀음도 있었지
멍석 위로 내려온 별들이
하나둘 마을 사람들 옆에 누우면
짧은 여름밤이 그렇게 깊어갔지

세심정(洗心亭)

마을 입구 바위산 중턱에
다소곳이 자리한 정자(亭子)
바람 소리 청량하다

가파른 산길 올라서면
관기리 돈대리 임산 마을
어깨 맞대고 인정 나누는데

신작로 바위에 앉아
한가하게 낚시하던 노인들
세월 따라 하나둘 떠나고 없다

골목길 속절없이 감꽃 지는 날
오일장 북적이던 마을 사람들
세심정은 그들이 여즉 그립다

어머니와 신발

구순(九旬)의 어머니는
현관 앞에 놓인 신발로
나이 든 아들이 온줄 안다
아비야, 어젯밤 늦었구나
귀도 점점 어두워지고
눈도 자꾸 침침해져서
성경 외우던 총기(聰氣) 흐려졌지만
현관 입구 낯선 신발 보이면
누가 왔는지 금방 알아챈다
앙증스러운 작은 신발은
네 살배기 증손자로구나
얼룩덜룩 페인트 묻은 신발은
대구 사는 둘째 아들이지
경로당 가는 길에도
예배 보고 오는 중에도
현관에 놓인 신발만으로
식구들 안부 용하게 맞히는
구순의 우리 어머니

영동천(永同川) 오리 가족

영동천 물길 따라
오리 가족 헤엄쳐 오른다
마차다리 지나
성당 보이는
양정리 개울로 들어서자
새끼 오리들 힘이 부친다
'좀 쉬었다 가요. 꽥꽥!'
장마로 제방 넘친 흙탕물에
가족들 모두 쫄쫄 굶었다
'뭐라도 좀 먹어요. 꽥꽥!'
새끼 오리들 투정에
엄마 오리가 한마디 한다
먹는 타령만 하지 말고
힘든 아빠 모습 좀
보려무나
미꾸라지 한 마리 잡으러
한나절 내 자맥질한 탓에
기진맥진 널브러져 있다

그제야 새끼 오리들
슬그머니
목 내리며 중얼거린다
'사는 게 쉬운 일 아니네요. 꽥꽥'

그 소문이 정말이여?

영동에서도 가장 깡촌인
상촌 임산리가 고향이리야
그 아버지가 왜 있잖여
둔전리에서 광주리 만들어
영동 장에 내다 팔던 박씨 아녀
술 좋아하던 이북집 아저씨
그려, 그 집 큰아들이
어디서 선생질한다더니
아, 며칠 전에 영동교육장이 되었디야
그러기에 사람 팔자 알 수 없는 겨
그 아저씨 살아있었으면
동네방네 시끌벅적했을 거구만
그 아저씨 복이 거기까지여
외가가 수원리 순흥안씨네여
아마 외조부가 서당 훈장했을 겨
그럼 완전 외탁인 셈이네
그래도 여기저기 들리는 소문엔
할 만한 사람이 맡았다고 하더구만

그 소문이 정말이여?
듣기 좋은 말이겠지, 그런데
교육장이란 게 어시 높은 거?

의용소방대장 승문이

철공소 승문이 아버지는
의용소방대 부대장이었다
파출소 오포대 아래에서 찍은
소방대 훈련 사진만 봐도 그렇다
가운데 대장인 진홍이 아버지 앉았고
그 뒷줄에 승문이 아버지 서 있다
최고참 우리 아버지도
의용소방대 대장은 못했다
수차 펌프질은 잘하지만
배운 게 없어 못한다고 했다
제재소 진홍이 아버지는
웬만한 한문도 술술 쓴다니까
그런 소문 들으며 자란
앞집 재근이 아빠 승문이가
의용소방대 대장이 되었다
그의 아버지도 못하고
우리 아버지도 못해 본
의용소방대 대장이 되었다

동네방네 경사가 났다

안씨 아저씨

황해도 해주가 고향인
철수 아버지 안씨 아저씨
리어카에 엿판 싣고
커다란 가위로 장단치며
온 동네 누비고 다녔지
엿판 위엔 달콤한 호박엿과
입안 살살 녹는 갱엿 가득했지
저만큼 엿가위 소리 들리면
우린 온 집안 뒤졌는데
그땐 빈병이나 헌 냄비조차
어찌 그리도 귀했는지
한참 군침 흘리며 따라다니면
커다란 가위로 갱엿 한 조각
인심 좋게 잘라주기도 했는데
무심한 세월은 어쩔 수 없어
요즘은 엿판 대신 가물대는
치매 한 자락 싣고 다닌다

창석이 아빠

창석이 고등학교 다닐 때
한창 멋 부릴 나이잖아
앞머리 바짝 올려세우고
거울 보는 시간 길어지면
창석이 아빠 늘 하던 말
저놈이 공부를 잘하나
남보다 인물이 잘났나
걱정이라며 한숨 쉬었는데
그런 창석이 보란 듯이
직장 들어가 돈 잘 벌고
곰살궂은 색시 데리고 와
눈에 넣어도 아프지 않을
손자 손녀 덥석 안겨주었잖아
요즘 들어 창석이 아빠에게
거봐 괜한 걱정 했지 놀리면
그려, 머쓱한 눈빛 얼굴 붉히는데
겸연쩍게 웃는 저 모습이
창석이와 어찌 저리도 닮았노

매화골 수진이 아버지

바른말 잘하고
성깔 하나 알아주던
외팔이 수진이 아버지
든든한 아들 하나 키웠는데
나참, 문디 같은 놈이
마흔 넘도록 장가도 못 가고 저러네요
촌구석에 아가씨 어디 있다고
똥고집 부리는지
바라볼 때마다 천불이 나요
연변 아가씨면 어떻고
베트남 아가씨면 뭔 상관이래요
동네 동갑내기 친구들은
손자가 초등학교 다니는데
낼모레면 나도 팔십 아니유
한쪽 팔로 커피 저어 건네며
연신 하소연하는 수진이 아버지
매화 마을 터줏대감 느티나무도
제 탓인 양 어쩔 줄 모른다

외숙모

외숙모, 이제
시골집 감나무 사이로
펑펑 내리는 함박눈 볼 수 없겠네요
외숙모, 굽은 허리로
찔레 덤불 낫질하던
날렵한 모습 볼 수 없겠네요
영정사진 속
외숙모 빙긋이 웃으신다
아야, 그런 말 말아라
아흔 해 넘도록 눈에 담았는데
그리 쉽게 잊을 수 있겠냐
배고픈 설움 견딘 보릿고개며
쑥대머리 엉켜온 고단한 세월
그새 돌아섰다고 안 보이랴
마당에 쌓이는 함박눈 잘 보인다
장독 안 숨겨둔 곶감까지
구만장천(九萬長天) 멀리서 훤히 보인다

양조장 김 사장님

임산 마을
달리기 선수
계보를 이야기하자면
기름집 숙희 아버지며
농협 다니던 기무 형이나
상림 진우 형도 손꼽지만
최고는 김의중 사장님이었지
날렵하고 단단한 체구에
못하는 운동이 없었으니
봄가을엔 정구를 치고
겨울엔 사냥까지 즐기셨거든
누구든 공짜로 마시던
양조장 입구 막걸리 사발과
들깨 섞은 굵은 소금 안주엔
구수한 경상도 사투리 넘쳐나는데
안타까운 부음 소식 뒤늦게 듣고
상주에게 서운하다 전했더니
섣달 그믐날

돌아가시어
아무에게도 연락 못했단다
삼가 김의중 사장님 명복을 빕니다

내기

온다
안 온다
온다
안 온다

세 살배기
손주 녀석
눈앞에
삼삼하여
허리 굽은 할아버지와
눈빛 흐린 할머니가

고층 아파트
창가에서
텅 빈 놀이터
바라보며
주거니 받거니
손가락 거는 내기

안 온다
온다
안 온다
온다

어머니와 핸드폰

병실에 나란히 누운
어머니와 낡은 폴더폰
둘은 현재 입원 중이다
팔십 년 넘게 버텨온 육신이
지독한 통증으로 반기를 들자
새벽 기도 따라나서던
폴더폰도 동행을 했다
의사는 물 한 모금도
허용하지 않았기에
맑은 수액 몇 방울이
실핏줄 언저리 기웃거린다
그믐달 걸린 창가에
초조한 시간들이 모여
하나둘 붉은 열꽃 피워내면
하느님 소식 기다리다
깜빡 잠든 어머니 곁에서
방전된 폴더폰이
저 홀로 애가 탄다

누이

칠순 누이도
설레는 봄바람 앞에선
풋풋한 열여덟 꽃띠 소녀

화사한 도화(桃花) 꽃잎
동네방네 흩날리어
열 손가락 곱게 꽃물 드는데

반쯤 채운 나물 바구니
풀숲 저만치 던져두고
아지랑이 유혹에 넘어간 발길

칠순 누이도
밀려온 그리움 앞에선
여즉 꿈 많은 꽃띠 소녀

별 이야기

바쁘다는 핑계로
밤마다 대숲에 내려와
쉬었다 가는 별을 잊고 살았어
먹고살기 힘들다는 이유로
별빛 머금은 약속 지키지 못했어
어린 시절 고향 집 마당에
잘랑잘랑 내려오던 별들이며
달빛 고요한 뒤란 개울가에
첨벙첨벙 잠기던 별들 많았는데
마을 어른들이 책가방 멘 우리에게
눈빛 예쁘다 하던 말도
너도밤나무 아래 늦잠 든 별이
눈썹 아래 숨어 있었던 거야
동구나무 지나 별 보러 가자던
그 사람은 어디로 갔을까
별 따온다고 떠난 그 사람
지금 어디에 살고 있을까

제3부

휴지통 속 비닐봉지

거실 한쪽 놓인 휴지통에
거들먹거리며 자리한 비닐봉지
저놈도 주인 팔자에 따라
받는 대접이 천차만별인데
생선 장수 가게에 놓이면
온몸 비린내가 진동하고
식당 주방 한쪽에 놓이면
잡다한 음식 찌꺼기 넘쳐난다
팔자 사나운 놈은
치킨 한조각 맛본 죄로
한낮 길가 고양이들에게
발기발기 뜯기기도 하는데
우리 집 거실 휴지통에는
골프장 이름조차 선명한
때깔 좋은 고급 비닐봉지
볼품없는 잡동사니조차도
그 안에 들어가면
금수저인 양 기세등등하다

단풍에 취하다

낮술에 취하면
어미 아비도 몰라본다지만
술 못하는 나에겐
강 건너 남의 이야기였고
가끔씩 울화(鬱火) 도지면
안하던 짓거리도 한다지만
새가슴으로 살아온 나는
돌다리도 두드리며 건넜지
혈기 넘치던 시절 돌아보면
갈지자 걷고 싶은 마음 없었을까만
더러운 놈의 세상 한탄이나 하다가
그마저도 오장육부에 녹여버렸어
무주 구천동 적상산 오르는 길
뼛속 붉은 단풍에 취해
멀쩡한 백주에 길을 잃었어
사라진 길모퉁이 주저앉아
나도 그만 미쳐 버렸어

세상 풍경

한 여자가
고양이 안고
산책로 걸어갑니다
한 남자가
강아지 목줄 잡고
공원을 지나갑니다
아직 아이가 없나 봐요?
빗자루 든 경비원 질문에
여자는 여자대로
남자는 남자대로
저만큼 놀이방 손짓합니다
저런, 돌 지난 아이
어린이집에 맡겼다구요?
살며시 다가가 들여다보니
놀다가 지친 아이 콧물을
낡은 CCTV가 닦아주네요

사진 한 장

사진 한 장 건네고
그녀가 돌아섰다
너무 오래 두지 마세요
바로 내팽개치지도 말구요
함께했던 시간만큼
꼭 그만큼만 곁에 두세요
더러는 사진 한 장이
세상 떠들썩하게도 하지만
그런 걱정하지 마세요
같이 머물던 기억
잠시 떠올릴 뿐이에요
그녀가 환히 웃는다
아니 돌아서 훌쩍인다
사진 한 장 남기고
그렇게 그녀가 떠났다

삼봉 가는 길

삼봉 가는 고갯길
그녀가 환히 웃는다
어깨 내린 가을 햇살이
모감주나무 열매에 걸리면
바스락거리는 나뭇잎 기척에
풀숲 찌르레기 화들짝 놀란다
농익은 다래가 흐드러지고
구름 한 자락 품은 개울가에는
으름이 옷고름 풀어헤쳤다
하늘만 곁눈질하던 쑥부쟁이가
시샘하듯 이어지는 고갯길
콧등에 송송 땀방울 맺힌다
사십 년 만에 삼봉 가는 길
그녀가 환히 웃는다

*삼봉(三峯): 영동 당곡리에서 상촌면 고자리 넘어가는 고개

이른 새벽에

밤늦도록 하느님께서
거대한
십자가 메고
교회 지붕 위를 걷는다

그 맞은편 골목 입구
어지럼증 이는 모텔 불빛이
요염한 눈빛으로 유혹한다

발이 아프도록 걷던 하느님
지친 걸음 멈추며 하시는 말씀
모두 내게로 와서 쉬어라

눈부신 모텔 전광판도
귓가에 대고 속삭이는 말
짧은 밤 길게 쉬었다 가세요

이럴 땐 어디로 가야 할지

어디에다
발길 내려야 할지
몰염치한 마음 자꾸 흔들린다

포장마차 풍경

초저녁 포장마차 한구석
일찌감치 차지한 중년 사내들
이슬 머금은 투명한 소주
목덜미 짜릿하게 적시고
심층수로 뽑아 올린 맥주는
입술 가득 거품으로 출렁인다
뒤이어 정체불명의 위스키가
얼큰한 오장육부에 투하되면
통제 벗어난 혀끝 굴리며
비틀비틀 일어서는 사내들
불빛 희미한 담벼락 사이로
뜨거운 수증기 솟아오른다
감나무 가지 아스라이 걸린
새치름한 하현달 녹아내린다
이쯤에 걸쭉한 안주인 입담
'지랄들, 포장마차 떠내려가네.'

파리에게 길을 묻다

퇴직 연수 강의 시간
남은 인생 놀면 안 된다고
강사는 열변 토하는데
나는 책상 위에 날아온
파리에게 눈길 주고 있다
잠시도 쉬지 않고 움직이는
녀석의 부지런한 날갯짓
사십 년 꼬박 일했으면
이제 좀 쉬라고 하지
지금부터가 시작이라니
슬그머니 부아가 나서
턱밑의 파리에게 물었다
녀석은 잠시 고민하더니
'네 맘이지, 내 맘이냐?'
한마디 남기고 훌쩍 날아간다

파리와의 대결

저놈의 정수리를 겨냥해
한발 바짝 다가서야 한다
강력한 물대포 한 방으로
저놈 숨통을 끊어야 한다
살금살금 다가서는 기척을
이미 알고 있다는 듯
소변기 바닥에 바짝 엎드려
교활한 웃음 날리는 녀석
나의 물대포 성능을
가늠하고 있는 게 분명하다
시골 중학교 화장실에서
이마보다 높은 창문을
가뿐히 넘어가던 물대포는
세월에 밀려 아래로만 향한다
이미 승부를 예감한 듯
변기 너머로 녀석이 씨익 웃는다

*남자 화장실 소변기에는 실물과 똑같은 파리가 그려져 있기도 하다.

금연구역과 항아리

벽이 없는 기둥과
긴 의자가 보입니다
야트막한 지붕 위로
눈부신 햇살 가리자
아기 담쟁이 팔 벌려
구름 한 자락 감아냅니다
몇몇 사람들이
산소 알갱이 머금고 와
투명한 바닥에 굴립니다
몇몇 사람들은
아픈 흔적의 생채기
발바닥으로 비벼 지웁니다
포슬포슬한 모래알과
입술 푸른 연기가
자그마한 항아리 안에서
어색한 동거를 시작합니다
여기는 금연구역입니다

우주로 보낸 연서(戀書)

몇 날을 고민하다가
'당신을 그리워합니다'
문자 한 줄 보내요

행여 답장 올까
하염없이 기다리지만
끝내 소식 없네요

어둔한 손끝으로 보낸
한 줄 부끄러운 고백은
길 잃은 미아(迷兒) 되었거든요

열한 자리로 엮은 우편함에
하나가 빠진 열 자리 보냈으니
우주로 갈 수밖에요

언젠가 은하수 지나는 날
바스락대며 뒹구는 낡은 연서

그대 받아볼 수 있을지 몰라요

귀로 소리를 보다

안경점 주인이 숟가락으로
내 양쪽 시력을 주워들더니
그간 얼마나 불편했냐고 걱정한다
'아니 그게 아니고
사실은 귓바퀴 울리는
매미 소리가
더 거슬렸거든요'
라고 말하고 싶었지만
차마 입 밖으로 내놓지 못했다
안경점 주인은 여전히
내 눈만 빤히 바라보았고
모자에 눌린 귓바퀴나
윙윙거리며 울리는 소리 따위엔
아무런 관심이 없었다
반짝이는 안경알과
고급스런 뿔테를 내보이며
주인은 세상이 달라질 거라며
침이 튀도록 자랑했지만

나는 그냥 돌아섰다
눈으로 소리 들으려면
더 많이 귀를 내려야 했기에

보발재 넘으며

보발재 고갯길에서
그가 환히 웃었다
단양 구인사(救仁寺)
가는 길
초면으로 만난 사이여서
머쓱하게 서로 손만 내밀었다
오랜 세월 그가 구문팔봉
못 떠난 이유 궁금했지만
만산홍엽 물들인
눈빛에서
평생 머물 거라 예감했다
같이 동행한 일행은
송이 따던 이야기며
강여울 낚시하던 추억들
굽이굽이 골짜기에 펼쳐냈다
가을 한나절
허리춤 매달아
아쉬운 발길 돌리는데

그가 불쑥 한마디 했다
'세상에 내 것 어디 있소
잠깐 쓰다 두고 갈 뿐이지'
온산이 다시 붉게 타오른다

수족관

비좁은 수족관에서
밤잠 설친 참돔 한 마리
갑자기 바뀐 잠자리에
선홍빛 눈꺼풀이 무겁다
느긋한 꼬리지느러미 사이
뽀글거리며 감싸는 산소 방울들
문득 그의 고향이 궁금해진다
소금기 머금은 남해 어디쯤일까
개펄 어깨 내민 서해 어디쯤일까
침목 흔들며 새벽 기차 떠나면
다시 팽팽해지는 수족관 속 긴장
굳게 닫힌 어두운 주방 안쪽
정갈하게 합장(合掌)한 회칼마저도
이럴 땐 선뜻 칼날 세우지 못한다

석종사 해우소(解憂所)

석종사 해우소 입구에
큼직한 돌 한 덩이 뒹굴고 있다
금봉산 비탈 어슬렁거리는 놈을
스님이 허리춤에 싸안고 왔단다
담장 어우러진 고즈넉한 산사에
제멋대로 생긴 돌덩이라니
참으로 어울리지 않는 풍경이다
이놈 애초부터 염불엔 관심 없고
잿밥에 눈독 들여 늑장 부리다가
엉덩이 들썩이며 기지개 켜는데
어허, 저놈 하는 짓 좀 보소
스님 해우소 가는 기척에
냉큼 달려와 문고리 잡더니만
볼일 보는 내내 어깨 내밀어
넘어가는 노을 한 자락 잡아준다

*석종사 : 충주 금봉산자락에 있는 절

제4부

스물세 살의 기억

자계리 지나 용화 가는
먼지 자욱한 신작로
고개 넘어온 시내버스가
그렁그렁 가쁜 숨 토해낸다
옆구리 껴안은 각봉투 안에서
아까부터 멀미하던 발령장이
슬그머니 창가로 고개 내민다
"아직도 멀었나 봐요?"
"그럼요, 한참 더 가야 해요."
버스 기사가 한마디 거든다
구불구불한 고갯길 넘어
해거름 무렵 도착한 마을
그네 타는 아이들 순박한 눈빛이
길게 드리운 그림자로 따라온다
첫 발령지 용화국민학교다

*그날이 1978년 10월 20일이었다.

건전가요 대회 · 1

해마다 읍에서 열리는
읍면 대항 건전가요 대회
삼월이 채 가기도 전에
면장님이 찾아와 부탁을 한다
"어떡해유 교장 선생님, 올해도
학교에서 협조해주서야죠."
"늘 하던 사업인데 그래야지유."
면장님 가시고 나서
교무실 난롯가 주위로 모인
선생님들이 안절부절 야단이다
"작년까지 피아노 반주하던
송 선생이 전근 갔잖여."
합창단 지휘하던 서 선생이
장작 넣으며 한마디한다
여선생이 한 명도 없다 보니
젊은 총각 선생들 눈치만 살핀다
이것 참 야단났다

건전가요 대회 · 2

가곡 「선구자」 전주 부분이
'따라라라 라라
따라라라 라라'
반복해서 두 번 나오니까
그다음 노래로 들어가면 돼
이태 동안 마을합창단 지휘를 했던
서 선생이 어렴풋한 기억으로
반주 방법을 가르쳐준다
졸업 학기에 체육 선택이어서
두 학기 내내 운동장에 있었는데
면 대항 합창대회 피아노 반주라니
더욱이 피아노는 목사님 집에 있다는데
설천중학교 음악 선생님 모셔온다는
부면장님 짜증난 목소리에
알량한 자존심으로 큰소리쳤는데
에고, 이걸 어쩌나
교실에 모인 동네 합창단 아가씨들이
기대에 찬 눈빛으로 바라보네

건전가요 대회 · 3

옛 영동극장 자리가
읍면 대항 합창대회 장소다
지정곡인 「선구자」와
자유곡인 「몽금포타령」을
한 달간 연습한 서툰 솜씨로
정신없이 건반 두드렸다
다행히 노련한 서 선생의 지휘와
똘똘 뭉친 합창단원들의 열정이
불안한 피아노 반주를 덮어주었다
제일 먼 산골에서 출전했다고
인기상까지 덤으로 받아들고
흥에 겨워 용화고개 넘어오는데
그날따라 굽이굽이 고갯길이 짧다
면사무소 마당에서 벌어진 잔치
밤늦게까지 요란하게 이어졌는데
지금 생각해도 현기증 이는
겁 없던 초임 시절 도전이었다

여선생과 뜨개질

요즘과 달리 학교에
여선생이 귀한 시절이었다
산골학교엔 더더욱
여선생이 오지 않았다
그런 시골 학교에
예쁜 보건 선생이 발령 났다
총각 선생들 얼굴이
뜬금없이 환해졌다
여선생은 틈틈이
털실로 뜨개질을 했다
첫해 겨울이 갈 무렵
최고참 이 선생과
한해 후배 서 선생
은색 조끼가 완성되었고
그다음이 내 차례였는데
찔레꽃 피던 봄날
최고참 이 선생과 결혼했다
뜨개질은 거기서 멈췄다

시군대항 축구 시합 · 1

한 번도 만난 적 없고
같이 근무한 적도 없기에
나도 그대 잘 모르고
그대 또한 날 알지 못해요
그럼에도 사십 년
세월 속
그대 이름 기억하는 이유는
시군대항 축구 시합 때문이지요
선수 명단에 등록된 이름
맞아요, '이기세'님
그날 심판이 목청 높여
여러 차례 부르던 이름
지금도 귀에 생생해요
그 이름으로 대신 뛰는 거라고
누군가 귀띔해주었더라면
선뜻 손들어 응답했을 텐데
신규 발령받은 일주일 만에
부랴부랴

출전한 시합이었는데
결국 부정 선수란 오명으로
운동장 밖으로 쫓겨났지요

시군대항 축구 시합 · 2

올해는 미리 사진도 찍고
신청서에 당당하게 등록도 했어요
작년 가을
부정 선수로 쫓겨나
뛰지 못한 한을 풀어야겠어요
여름방학 끝나자마자
우리 팀은
틈틈이 모여 연습을 했어요
올해는 우승하자고 다짐도 했지요
군에서 제대한
진이 형도 합류하고
문 과장님 열정도 넘쳐났어요
결전의 날 사흘 앞두고
중학교 운동장에서 결단식도 했지요
역전(驛前) 식육식당에서 삼겹살도 굽고
새 유니폼도 받아 챙겼지요
주말 청주 시합장에서 보자고
서로 손 흔들며 헤어졌는데

이틀 후,
엄청난 사건으로
모든 행사는 중단되었고
나의 축구 시합도 끝이 났어요

*1979년 10·26 대통령 시해 사건으로 전국에 비상계엄령이 선포되고 수년간 모든 행사가 취소되었다.

정애 아빠 한창희 씨

우리가 단골로 다니던
면사무소 골목 모퉁이
나지막한 정애네 구멍가게
젊은 총각 선생들이 많아서
저녁 무렵엔 하숙집이 아닌
으슥한 숙직실로 모였는데
윷 내기하다가 출출해지면
늦은 밤 두드리던 구멍가게
군것질거리 외상으로 주면서
늘 반갑게 웃으시던
정애 아빠
월급날 저녁 우르르 몰려가
밀린 외상 장부 정리하면
두부김치에 막걸리 내놓았지요
이웃 학교 배구하러 간다 하면
바쁜 일손 제쳐두고 달려와
경운기 운전해주던 모습 눈에 선해요
인삼 장사로 재미 좀 봤다고

간간이 소문은 들리던데
사십 년 세월 딛고 잘 지내시지요?
정애 아빠 한창희 씨

부산 아가씨

예쁜 부산 아가씨
용화 온다는 소식에
평소 말 없는 서 선생님도
안절부절 마음 설레는지
하루 세 번 오는 버스
연신 시계 보며 기다리네요
구천동 가요?
나제통문 갈까요?
나도 덩달아 마음 바빠져
괜스레 발 동동거리는데
결국 셋이서 아랫마을 용강리
학부모네 집으로 놀러 갔지요
오랜 세월에 기억 희미하지만
모처럼 담임선생님 왔다고
동치미에 찐 고구마 내놓았을 걸요
돌아오는데 펑펑 함박눈 내려
미끄러운 길 서로 부축해 오다가
결국 둘이서 교대로 업고 왔지요

보소! 부산 아가씨, 아니 사모님
생전 처음 걸어보는 눈길이라던
그 말 잊지 않으셨죠?

*사십 년 세월에도 흔쾌하게 표지화를 그려주신 부산 서광범 형
 께 거듭 감사의 인사를 드린다.

육상대회 가는 날

읍내로 육상대회 가는 날
시내버스가 용화고개 올라서면
얼굴빛 하얗게 변하는 아이들
아직 읍내 도착하려면 멀었는데
어김없이 진동하는 구역질
이놈 붙잡고 등 두드리면
저놈 창문 너머 토해내는데
멀기만 하던 범화리 고갯길
겨우 도착한 읍내 중학교
달리기는커녕 멀미 증세로
하나둘 풀밭에 드러눕는데
지금껏 버스 타고 영동 와본 게
고작 다섯 번도 안 된단다
육상대회 끝나면 중국집 가서
짜장면 사 준다고 약속했는데
다시 돌아갈 길 떠올리면
아이쿠, 먹여야 해 말아야 해

봄 소풍 가는 날

하궁촌 마을 지나
달밭골 냇가 봄 소풍 가는 날
아이들 새벽부터 신이 난다
밤새 비가 오나 안 오나
자다가 몇 번을 일어났다
김밥 도시락 멘 어깨에
삶은 달걀의 온기 전해진다
길가에 핀 민들레도 반갑고
짝꿍이 준 알사탕도 달콤하다
저만큼 뒤에 할머니도 보이고
밭에 간 엄마도 온다고 했다
선생님이 보물 숨길 장소는
눈감아도 구석구석 훤히 안다
수건돌리기도 하고
장기자랑 노래도 부르고
닭싸움에 빠져 노느라
아차, 엄마가 소풍 가방에 넣어 준
담배 두 갑 깜빡 잊었다

부끄러운 고백

초임 시절 가르친
제자가 한마디 한다
"선생님,
왜 그리도
많이 우리를 때렸어요?"
밤새 마신 소주로 인해
녀석의 혀가 감기긴 했지만
전해오는 의미는 또렷했다
삼십여 년 만에 만난
제자들과의 훈훈한 분위기는
이 한마디로 꽁꽁 얼어붙었다
그건 열정(熱情)이었어
아니 선의(善意)의 담금질이었어
후끈 달아오른 얼굴 가려도
딱히 변명의 말 떠오르지 않는다
서둘러 일어선 자리
기약도 없이 돌아섰는데
이제 부끄러운 마음으로 고백한다

"선생이란 미명(美名)으로
상처준 일 이제 용서해다오."

입학한 얼마 후에

일 학년 입학한 지
이제 한 달쯤 되었다
'하나, 둘, 셋, 넷.'
병아리처럼 재잘거리며
담임선생님 뒤를
졸졸 잘도 따라다닌다
여기는 교장실이야
와, 할아버지 선생님이네
여기는 보건실이야
어, 간호사 선생님이네
여기는 화장실이야
그 말에 녀석들이 우르르
화장실로 몰려간다
차례대로 줄을 서야지
바지부터 내려야 해
선생님 말은 뒷전이다
그때 여자아이 하나가
울상이 되어 발 동동거린다

"선생님, 옷이 안 내려가요."
저런, 녀석은 치마를 입고
그 위에 어깨 멜빵까지 했다
선생님이 다급히 외친다
"치마는 내리지 말고
올려야 해."

선생님, 저도 마찬가지예요

대전 과학공원으로
시골 아이들과 봄 소풍 갔다
공원이 워낙 넓은데다
나들이 온 사람이 많아
입구부터 북적인다
"얘들아, 여기서부터 조별로
같이 다녀야 해."
"혹 길을 잃으면
지금 이 자리로 돌아와야 해."
목에 건 패찰과
조별 인원을 일일이 점검한다
열두 시 점심시간에
만나기로 하고 헤어졌는데
말썽꾸러기 한 녀석이 안 보인다
공원 곳곳에 방송을 하고
땀에 젖어 사방으로 뛰어다니다
엉뚱한 곳에 앉아 있는 녀석을 발견했다
"이 녀석아, 얼마나 찾았는지 알아?"

화가 난 선생님 주먹 올려 큰소리치는데
녀석이 와락 안기며 울먹인다
"선생님, 저도 많이 찾았어요."

우리 교실이었는데

졸업식 노래 부르다
결국 울음 터뜨리는 아이들
"잘 있거라 아우들아 정든 교실아
선생님 저희들은 물러갑니다"
교문까지 배웅 나온 선생님 향해
돌아서기 아쉬워 손 흔들던 아이들
개나리 노랗게 핀 봄날
앳된 중학생 되어
공부하던 교실로 들어선다
아니, 내 자리가 어디지?
교실 뒤편 붙어 있던
내 그림은 어디로 갔지?
분명 우리 교실이었는데
여전히 우리 선생님이신데
지난해 공부하던 교실 둘러보다가
녀석들이 하나둘 훌쩍거린다
선생님도 멀리 운동장만 바라본다

제5부

한국교원대학교부설유치원 원가

작사: 박천호
작곡: 고영신

*고영신: 한국교원대 음악교육과 교수

가득유치원 원가

작사: 박천호
작곡: 고영신

연세유치원 원가

작사: 박천호
작곡: 고영신

산성유치원 원가

작사: 박천호
작곡: 문성희

1. 예쁜 손 내밀어 마음을 열면
   정다운 얼굴로 서로사랑해
   랄랄라라 야호호 노래부르며
   바른마음 키우는 산성유치원

2. 고운 꿈 모여서 하나가 되면
   힘차게 달려요 우주를 향해
   랄랄라라 야호호 손을맞잡고
   바른생각 자라는 산성유치원

발문·1

시를 읽으며 따라가 보는 동심의 고향

김형식(아동문학가)

 박 시인은 내 시의 원천은 고향에서 출발한다고 밝힌 바 있고, 시인의 시를 평하는 이들도 고향의 이미지와 고향의 삶이 시인의 마음에 그대로 살아있음을 이야기 하곤 하였다. 이번 시집에서도 고향에서 정년을 맞아서인지 유년의 땅인 고향에 대한 그리움이 더욱 절절해진 것 같다.
 시「유년의 소야곡」에 등장하는 고향은 내 고향과 똑 닮았다. 그 고향 속에서 고추잠자리를 향해 뒤꿈치를 들고 살금살금 다가가는 순이가 되어 시인의 고향 길을 따라가 본다.
 박 시인의 시는 그의 성품과 닮아 있어 친근하고 푸근하고 가끔은 웃음기를 머금게 한다. 이는 그의 시편들이 서정적이기 때문이다. 서정적인 시가 주는 친근성은 누구나 읽으면 금방 느낄 수 있는 감성의 가교 역할을 한다. 그러나 친근하고 무난하다고 해서 단순 묘사로만 그치는 것이 아니기에 읽는 이의 머릿속에 수많은 그림이 그려지게 하는 것이 박 시인의 시이다.

서정을 담아 그리움을 노래하고 동심의 공간에서 순이를 그리워하고, 아버지를 그리워하고, 고단한 세월을 살아오신 어머니를 생각하는 박 시인은 인간 체험의 원초적 근원인 그 원형의 공간, 고향에 묻어둔 유년의 기억을 사뭇 끌고 다니고 있다. 이는 나이 들어도 마음을 맑게 정화하는 동심에 머물러 있기 때문이다.

동심, 그것은 우리를 영원케 하는 원천이다. 동심은 사람의 마음 깊숙이에 자리하고 있다. 동심을 그저 단순히 아이들의 마음으로 풀이한다면 그것은 단순한 해석이 될 뿐이다. 동심은 자아의 핵심에 자리 잡고 나를 이루고 있는 원형으로 인간 본연의 마음 상태인 것이다. 시인은 유년의 고향으로 돌아가 동심으로 살고 있다. 이번 시집에서 유독 그 동심으로 쓴 시를 여러 편 발견하게 된다. 어린 시절 고향에서 찾은 동심이나 교단에서 아이들을 가르치면서 그들의 눈높이에 맞춘 시이다.

온다/안 온다/온다/안 온다//세 살배기/손주 녀석/눈앞에/삼삼하여/허리 굽은 할아버지와/눈빛 흐린 할머니가//고층 아파트/창가에서/텅 빈 놀이터/바라보며/주거

니 받거니/손가락 거는 내기//안 온다/온다/안 온다/온다
　　　　　　　　　　　　　　―「내기」 전문

「내기」라는 시 전문이다. "손가락 거는 내기"라 함으로써 동시(童詩)적 감각을 한껏 살려냈다. "손가락 거는 내기"는 할아버지, 할머니가 귀여운 손자를 떠올려보는 기다림의 시작이다. 순진무구한 어린 손자와의 약속이다. 하지만 어린 손자는 약속의 시간적, 공간적 의미를 잘 모르기에 오고 싶을 때 오고, 가고 싶을 때 간다. 결국 기다리는 것은 나이든 할아버지와 할머니의 몫이다. 누군가 손자, 손녀는 안 보면 보고 싶고, 보면 어서 가길 바란다고 하지 않았던가?

수건돌리기도 하고/장기자랑 노래도 부르고/닭싸움에 빠져 노느라/아차, 엄마가 소풍 가방에 넣어 준/담배 두 갑 깜빡 잊었다
　　　　　　　　　　　　―「봄 소풍 가는 날」 부분

시 「봄 소풍 가는 날」은 학교 다닐 때 가장 즐거웠던 추억 중의 하나인 소풍에 관한 시이다. 소풍 가기 전날 밤 자다가 몇 번이고 일어나 밖을 내다본 기억이 있다. 어머니께서는 김밥은 물론이고 음료수와 계란까지 준비했

다가 새벽 일찍 소풍 가방을 챙겨주시곤 했다.

"아차, 엄마가 소풍 가방에 넣어 준/담배 두 갑 깜빡 잊었다" 같은 표현은 요즘은 청탁금지법이 시행되어 선물 주는 관례가 사라졌지만, 그때만 해도 담임선생님께 작은 마음의 선물을 주기도 했던 추억을 떠오르게 하는 대목이다.

여자아이 하나가/울상이 되어 발 동동거린다/"선생님, 옷이 안 내려가요."/저런, 녀석은 치마를 입고/그 위에 어깨 멜빵까지 했다/선생님이 다급히 외친다/"치마는 내리지 말고/올려야 해."
—「입학한 얼마 후에」 부분

시 「입학한 얼마 후에」도 박 시인이 교단에서 직접 겪었던 일을 동시 형태로 엮은 시이다. 일반적으로 성인 시를 쓰던 시인들이 연륜이 쌓이면서 동시 쪽으로 선회하는 모습을 볼 수 있는데, 그런 면에서 박 시인도 같은 맥락을 가지고 있는 듯하다.

여하튼 천성처럼 지니고 있는 맑고 섬세한 감성을 바탕으로 반짝이는 아침햇살 같은 시들을 멈추지 않고 계속 뽑아낼 것이라 믿는다. 박 시인에게 거는 기대가 여기에 있다.

발문·2

시집 『그들은 새를 보지 못했다』에 부쳐

김재국(문학평론가, 세광중학교 교사)

 박천호 시인은 사십여 년의 세월을 교단에서 제자들과 함께하는 삶을 살았다. 충북 영동 용화초등학교를 시작으로 충북 영동교육지원청에서 정년퇴직을 맞이하였다. 시인은 작은 시골 학교의 평범한 교사로 출발하여 교육지원청의 최고 책임자인 교육장으로 교직 생활을 마무리하게 된 것이다. 그의 삶은 "시작은 미약하나 끝은 창대하리라."라는 성서의 구절이 어울린다.
 박 시인의 고향 사랑은 유별나다. 그것은 그의 작품 저변에 깔려 있는 중요한 모티브가 되고 있다. 지금도 싸리비 자국이 선명한 황토마당에서 땅뺏기 놀이를 하던 유년을 기억한다. 빨랫줄에 앉은 고추잠자리를 잡던 순이와 얼굴조차 희미한 누이와의 추억이 아련하게 떠오른다. 그는 앞집 재근이 아빠 승문이가 의용소방대장이 되었을 때 누구보다도 기뻐했다. 치매를 앓고 있는 옆

장수 안씨 아저씨, 마흔이 넘도록 장가들지 못한 아들을 둔 매화골 수진이 아버지, 그리고 임산 마을 달리기 선수였던 양조장 김 사장님을 잊지 못하고 늘 마음속에 담고 있다.

고향 사람들은 박 시인의 고향을 사랑하는 마음을 잘 안다. 그들은 「그 소문이 정말이여?」에서 시인의 교육장 발령에 진심 어린 축하를 보낸다. 그것은 "할 만한 사람이 맡았다고 하더구만"의 시구에 함축되어 나타난다.

시인의 교육자로서의 삶은 작품의 또 다른 모티브로 작용하고 있다. 그는 교육의 비상을 꿈꾸는 교육장으로서 "거실 한쪽 놓인 휴지통에/거들먹거리며 자리 잡은 비닐봉지"는 되지 않겠다고 다짐한다. 그것은 「바랭이를 뽑으며」에서 공교육 정상화를 위한 실천으로 드러난다. 가을날 튼실한 알곡을 수확하기 위해서는 바랭이를 제거해야 한다. 하지만 바랭이는 한여름 뙤약볕과 단단한 괭이 날도 견디는 모진 생명력을 지녔다. 그럴수록 시인의 팔뚝에는 더 많은 힘이 가해진다.

박 시인의 시집은 5장으로 전개된다. 그것은 시인의 삶의 여정과 맞닿아 있다는 것을 쉽게 발견할 수 있다. 「귀로 소리를 보다」에서 안경점 주인이 새로운 안경으로 세상이 달라질 것이라 자랑하지만 시인은 "눈으로 소리 들으려면/더 많은 귀를 내려야" 함을 깨닫는다. 그의 삶에서도 꽃 피는 봄날도 마음을 씻어야 할 날도 있었을 것이다. 시인은 이러한 과정을 통하여 소리를 귀로 '듣는 것'이 아니라 귀로 '보는' 경지에 도달할 수 있었다.

시인의 제7시집 『그들은 새를 보지 못했다』는 「부끄러운 고백」의 "선생이란 미명(美名)으로/상처준 일 이제 용서해다오."로 닻을 내린다. 시에서 바다 여행 중 일행의 일부는 새를 제대로 목격하지 못한다. 그들은 "잠깐 한눈판 죄로/그들은 새를 보지 못"한 것이다. 우리는 중요한 일이라 여겼던 것들이 하찮은 것으로 판명되기까지 결코 많은 시간이 필요하지 않다는 것을 잘 안다. 중요한 것은 본질적인 것의 내면에 존재하고 있기 때문이다.

박천호 시인은 이제 모든 것을 내려놓고 자연인으로서의 삶을 영위하고자 한다. 그는 시를 통하여 자신의 삶의 여정에 대하여 끊임없이 반성하고 성찰하며 참회하고 있다. 삶의 반성과 성찰과 참회는 실천적 용기가 필요하며 갈등과 분쟁을 소멸하고 타협과 화합을 이끌어내는 지혜를 내포한다. 그것은 자연인으로 살아갈 시인의 삶에 소중한 원동력으로 작용하게 될 것이다.

그들은 새를 보지 못했다

2019년 7월 25일 초판 1쇄 펴냄

지은이 _ 박천호
펴낸이 _ 양문규
펴낸곳 _ 詩와에세이

신고번호 _ 제2017-000025호
주　　소 _ (30018)세종특별자치시 조치원읍 돌마루5길 2, 104호
대표전화 _ (044)863-7652, 070-8877-7653
팩시밀리 _ 0505-116-7653
휴대전화 _ 010-5355-7565
전자우편 _ sie2005@naver.com
공 급 처 _ 한국출판협동조합
주문전화 _ (02)716-5616
팩시밀리 _ (031)944-8234~6

ⓒ박천호, 2019
ISBN 979-11-86111-66-6 (03810)

* 지은이와 협의하여 인지는 생략합니다.
* 이 책 내용의 전부 또는 일부를 재사용하려면 반드시 지은이와
  詩와에세이 양측의 동의를 받아야 합니다.
* 책값은 뒤표지에 표시되어 있습니다.

> 이 도서의 국립중앙도서관 출판예정도서목록(CIP)은 서지정보유통지원시스템 홈페이지(http://seoji.nl.go.kr)와 국가자료종합목록 구축시스템(http://kolis-net.nl.go.kr)에서 이용하실 수 있습니다. (CIP제어번호 : CIP2019027018)